ANIMALS
That Make a Difference!

Bats
Murciélagos

Ashley Lee

VANCOUVER, B.C.

e WWW.ENGAGEBOOKS.COM

Bats: Level 1 Bilingual (English/Spanish) (Ingles/Español)
Animals That Make a Difference!
Lee, Ashley 1995 –
Text © 2021 Engage Books
Edited by: A.R. Roumanis
and Lauren Dick
Translated by: Juan Ortega Aliaga
Proofread by: Andrés Cordero

Text set in Arial Regular.
Chapter headings set in Arial Black.

FIRST EDITION / FIRST PRINTING

LIBRARY AND ARCHIVES CANADA CATALOGUING IN PUBLICATION

Title: Animals That Make a Difference: Bats Level 1 Bilingual (English / Spanish) (Ingles / Español)
Names: Lee, Ashley, author.

ISBN 978-1-77476-386-5 (hardcover)
ISBN 978-1-77476-385-8 (softcover)

Subjects:
LCSH: Bats—Juvenile literature
LCSH: Human-animal relationships—Juvenile literature

Classification: LCC QL737.C5 L44 2020 | DDC J599.4—DC23

Contents Contenidos

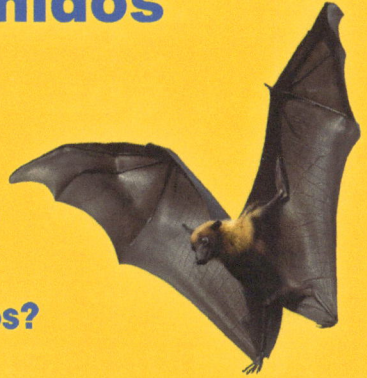

What Are Bats?
Qué son los murciélagos?

Bats are the only
mammals that can fly.

Los murciélagos son los únicos
mamíferos que pueden volar.

4

Mammals are covered in hair and have bones in their back. They feed their babies milk.

Los mamíferos están cubiertos con pelo y tienen huesos en la espalda. Ellos alimentan a sus crías con leche.

5

What Do Bats Look Like?
Cómo son los murciélagos?

The smallest bats are only 6 inches (15 centimeters) wide. The largest bats can be up to 6 feet (1.8 meters) wide.

Los murciélagos más pequeños son de apenas 6 pulgadas (15 centímetros) de ancho. Los murciélagos más largos pueden ser de hasta 6 pies (1.8 metros) de ancho.

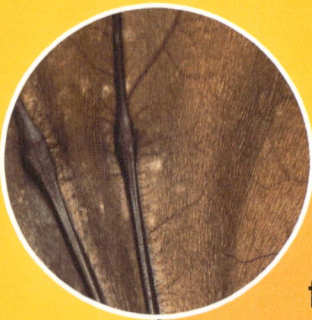

Bat wings are made of thin skin. The skin is stretched between the front and back legs.

Las alas del murciélago están hechas de una fina piel. La piel está extendida entre la parte frontal y trasera de sus patas.

A bat's ears are large compared to the size of its head. Bats use their ears to find food and other bats.

Las orejas de un murciélago son largas en comparación con su cabeza. Los murciélagos usan sus orejas para encontrar comida y a otros murciélagos.

Bats have claws on their feet. They use their claws to hold things.

Los murciélagos tienen garras en sus patas. Ellos usan sus garras para sostener cosas.

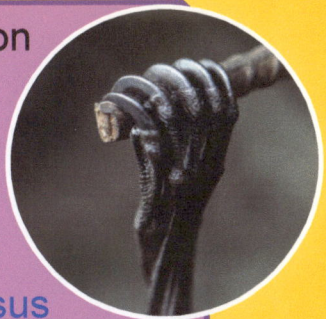

7

Where Do Bats Live?
Dónde viven los murciélagos?

Bats make homes called roosts. Roosts are used for sleeping. Most bats make roosts in caves or old buildings.

Los murciélagos hacen hogares llamados dormideros. Los dormideros son usados para dormir. La mayoría de los murciélagos hacen dormideros en cuevas o en edificios viejos.

Most bats live in tropical areas. Tube-nosed bats live in Australia. Indian flying fox bats live in India. Sulawesi fruit bats come from Indonesia.

La mayoría de los murciélagos viven en áreas tropicales. Los murciélagos de nariz de tubo viven en Australia. Los murciélagos zorros voladores indios viven en la India. Los murciélagos de fruta de Sulawesi vienen de Indonesia.

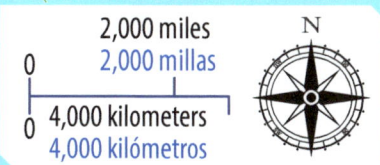

Indonesia
Indonesia

Europe
Europa

Asia
Asia

India
India

Pacific
Ocean

Océano
Pacífico

Africa
África

Atlantic
Ocean

Océano
Atlántico

Australia
Australia

Australia
Australia

Southern
Ocean

Océano
Antártico

2,000 miles
2,000 millas
0

4,000 kilometers
4,000 kilómetros
0

N

Legend Leyenda
Land Tierra
Ocean Océano

9

What Do Bats Eat?
Qué comen los murciélagos?

Most bats eat fruit or insects. Some bats drink a sweet liquid from flowers called nectar. A few bats eat small animals. They eat birds, frogs, and lizards.

La mayoría de los murciélagos comen frutas o insectos. Algunos murciélagos beben un líquido dulce de las flores llamado néctar. Unos cuantos murciélagos comen animales pequeños. Ellos comen aves, ranas, y lagartijas.

Some bats find food by using special cries. These cries bounce back to the bat when they hit an object. Bats hear their cry and can tell where small animals are. This is called echolocation.

Algunos murciélagos encuentran comida usando gritos particulares. Estos gritos regresan al murciélago cuando estos golpean un objeto. Los murciélagos escuchan sus gritos y pueden saber donde hay animales pequeños. Esto es llamado ecolocalización.

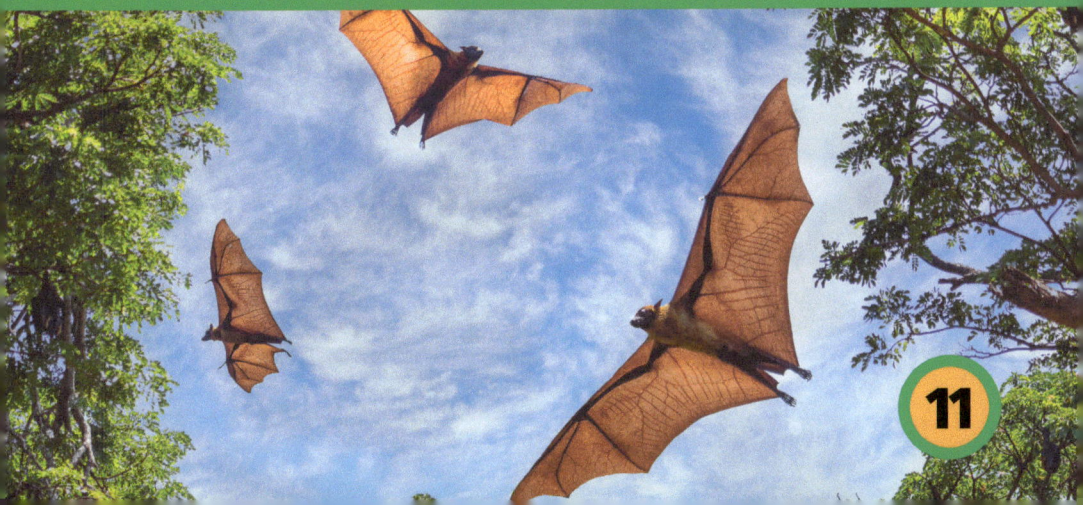

How Do Bats Talk to Each Other?

Cómo se comunican los murciélagos entre ellos?

Bats use chirps and cries to talk to each other. They use these sounds to find other bats or warn others of danger.

Los murciélagos usan chirridos y gritos para comunicarse entre ellos mismos. Ellos usan estos sonidos para encontrar a otros murciélagos o advertir a otros sobre algún peligro.

Some bat sounds are so high-pitched they cannot be heard by people.
Algunos de estos sonidos son tan agudos que no pueden ser oídos por las personas.

Bat Life Cycle
Ciclo de vida de un murciélago

Baby bats are called pups. They learn to fly when they are 3 weeks old.
Los bebés murciélagos son llamados crías. Ellos aprenden a volar cuando tienen 3 semanas de nacidos.

Pups stay in groups called nurseries. They are cared for by female bats.
Las crías se mantienen en grupos llamados criaderos. Ellos son cuidados por los murciélagos hembras.

Pups are fully grown at 2 months old. This is when they leave the nursery.
Las crías crecen hasta los 2 meses. Este es el momento que abandonan los criaderos.

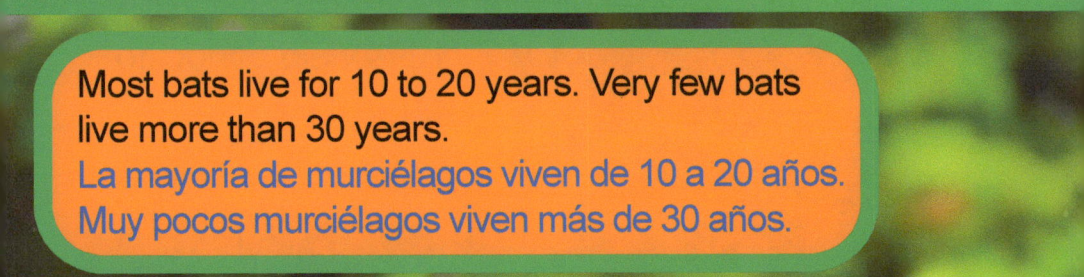

Most bats live for 10 to 20 years. Very few bats live more than 30 years.
La mayoría de murciélagos viven de 10 a 20 años. Muy pocos murciélagos viven más de 30 años.

Curious Facts About Bats

Bats lick themselves to keep clean.
Los murciélagos se lamen a sí mismos para mantenerse limpios.

The oldest known living bat was 41 years old.
El murciélago vivo más viejo conocido tenía 41 años.

Bats can eat more than 1,000 insects in an hour.
Los murciélagos pueden comer más de 1,000 insectos en una hora.

Datos curiosos acerca de los murciélagos

Some bats sleep through winter. This is called hibernation. Algunos murciélagos duermen durante el invierno. A esto se le llama hibernación.

Most bats sleep upside down. They hang from their feet. Ellos se cuelgan con sus patas.

Bat knees bend backwards. Las rodillas del murciélago se doblan hacia atrás.

17

Kinds of Bats
Tipos de murciélagos

There are more than 1,300 kinds of bats. These are split into two groups. Microbats eat insects. They usually only come out at night.

Hay más de 1,300 tipos de murciélagos. Estos se dividen en dos grupos. Los micromurciélagos comen insectos. Por lo general salen solo por las noches.

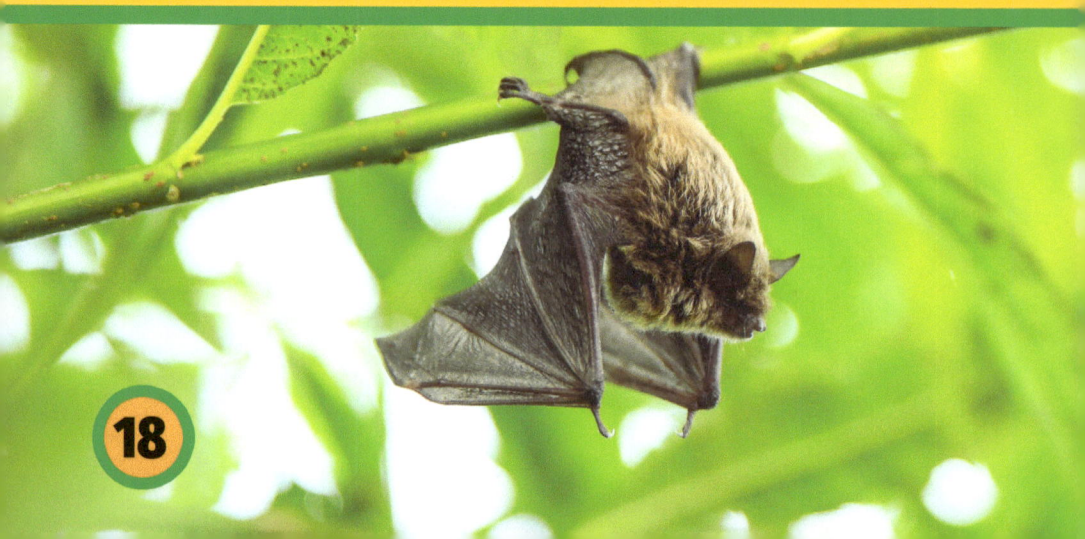

Megabats eat fruit and nectar. They have larger eyes than microbats. Some megabats come out during the day.

Los mega murciélagos comen frutas y néctar. Ellos tienen los ojos más grandes en comparación a los micromurciélagos. Algunos mega murciélagos salen durante el día.

How Bats Help Earth
Cómo los murciélagos ayudan al planeta

Bats eat many plant seeds. The seeds come out in their poop. Bat poop helps seeds grow into new plants.

Los murciélagos comen muchas semillas de plantas. Las semillas salen en su excremento. El excremento de murciélago ayuda a las semillas a crecer y convertirse en nuevas plantas.

Pollen is a fine powder that flowers make. Female plants need pollen from male plants to make seeds. Bats help spread pollen from one plant to another. This is called pollination.

El polen es un tipo de polvo fino que producen las flores. Las plantas hembra necesitan el polen de las plantas macho para producir semillas. Los murciélagos ayudan a esparcir el polen de una planta a otra. Esto es llamado polinización.

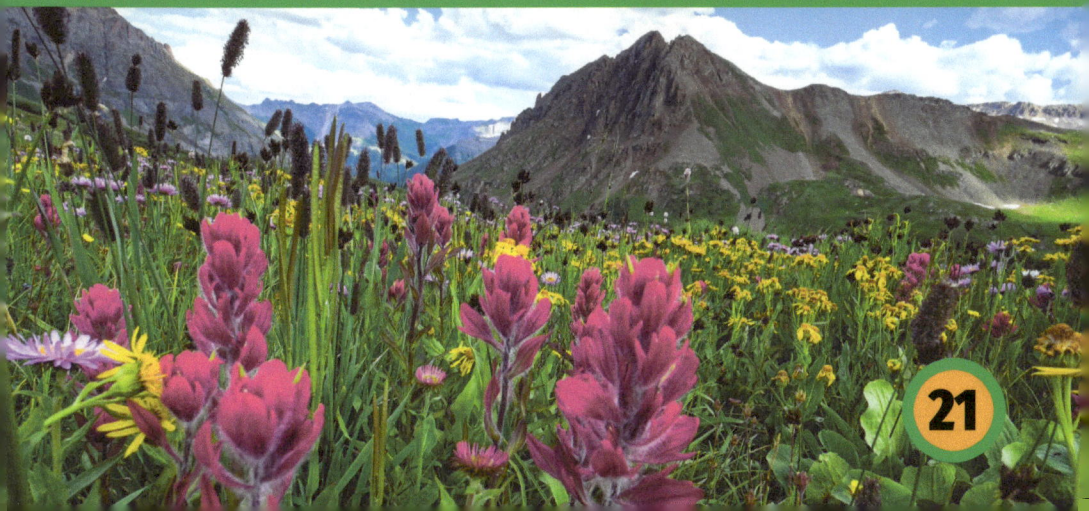

How Bats Help Other Animals
Cómo los murciélagos ayudan a otros animales

Many animals eat the plants that bats help grow. These animals would have less food to eat without bats.

Muchos animales comen las plantas que crecieron gracias a la ayuda de los murciélagos. Estos animales tendrían menos alimentos para comer si no hubiera murciélagos.

Desert animals drink water from cacti. Some cacti can only grow if bats pollinate them. Desert animals would not have enough water without bats.

Los animales del desierto beben agua del cactus. Algunos cactus solo pueden crecer si los murciélagos los polinizan. Los animales del desierto no podrían tener suficiente agua sin los murciélagos.

How Bats Help Humans
Cómo los murciélagos ayudan a los humanos

Bats eat insects that harm the food humans grow. They also pollinate fruits and vegetables. There would be fewer bananas, avocados, and mangoes without bats.

Los murciélagos comen insectos que dañan al alimento que los hombres cultivan. Ellos también polinizan frutas y vegetales. Habría menos plátanos, aguacates, y mangos sin los murciélagos.

Scientists are making a new medicine from bat drool. The medicine is called Draculin. It is helping people with heart problems.

Los científicos están haciendo un nuevo fármaco a partir de la baba de murciélago. El fármaco es llamado Draculina. Está ayudando a las personas con problemas en el corazón.

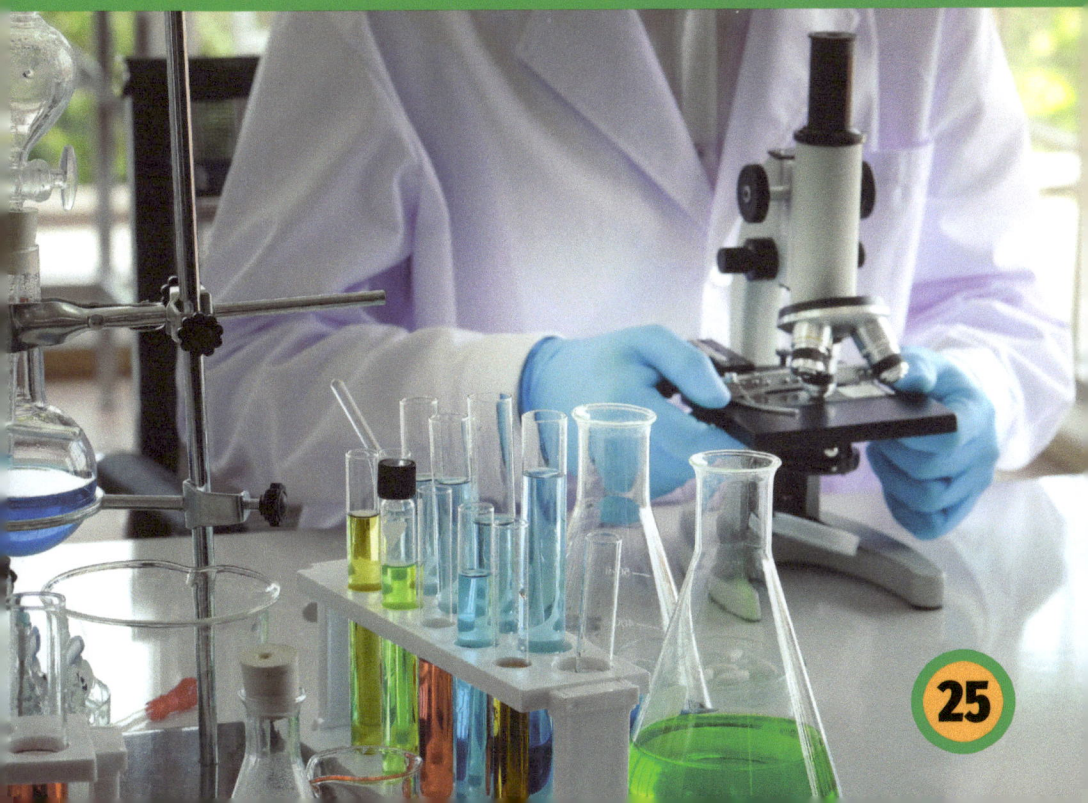

Bats in Danger
Murciélagos en Peligro

Many bats are endangered. This means there are very few of them left. A disease called white-nose syndrome is making bats end their hibernation early. When bats wake up, there is not enough food to eat.

Muchos murciélagos están en peligro de extinción. Esto significa que solo hay unos cuantos de ellos. Una enfermedad llamada síndrome de la nariz blanca está haciendo a los murciélagos terminen de hibernar antes.. Cuando los murciélagos despiertan, ya no hay suficiente comida para comer.

Some bats are hunted by humans. The Mauritian flying fox bat is hunted on Mauritius island. The country sees the bats as pests. These bats are disappearing.

Algunos murciélagos son cazados por los humanos. El murciélago zorro volador Mauriciano es cazado en la isla Mauricio. El país ve a los murciélagos como plagas. Estos murciélagos están desapareciendo.

How To Help Bats
Cómo ayudar a los murciélagos

Pesticides are chemicals that kill bugs. Bats eat insects that have been sprayed with pesticides. This can make bats very sick. Many people are no longer using pesticides.

Los pesticidas son químicos que matan insectos. Los murciélagos comen insectos que han sido rociados con pesticidas. Esto puede enfermar gravemente a los murciélagos. Muchas personas ya no están utilizando pesticidas.

Some people do not like bats. They will scare bats away from their homes. Tell your friends and family how helpful bats are. This can help save bats from being forced out of their roosts.

A algunas personas no les gustan los murciélagos. Ellos los van a espantar de sus casas. Cuéntales a tus amigos y familiares cuán importantes son los murciélagos. Esto puede ayudar a salvar a los murciélagos de ser forzados a salir de sus dormideros.

Quiz
Cuestionario

Test your knowledge of bats by answering the following questions. The questions are based on what you have read in this book. The answers are listed on the bottom of the next page.

Pon a prueba tu conocimiento acerca de los murciélagos respondiendo las siguientes preguntas. Las preguntas están basadas en sobre lo que has leído en este libro. Las respuestas están listadas al final de la siguiente página.

1 What are bat wings made of?
De qué están hechas las alas de los murciélagos?

2 What are bat homes called?
Cuál es el nombre que se le da a los hogares de los murciélagos?

3 What are baby bats called?
Cuál es el nombre que se le da a los bebés murciélagos?

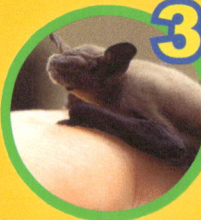

4 How do most bats sleep?
Cómo duermen la mayoría de los murciélagos?

5 How many kinds of bats are there?
Cuántos tipos de murciélagos existen?

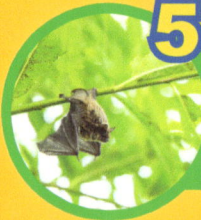

6 What are pesticides?
Qué son los pesticidas?

Explore other books in the Animals That Make a Difference series.

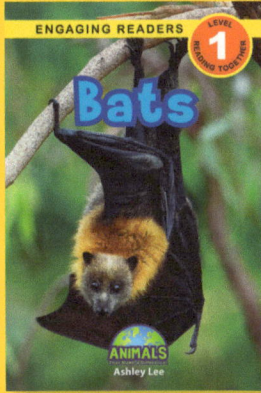

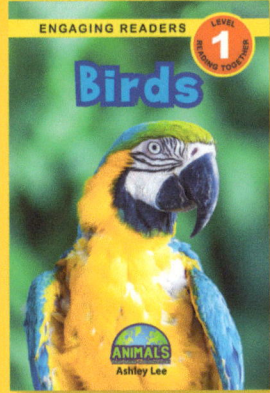

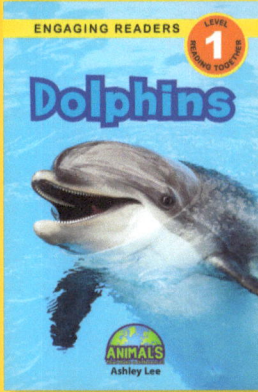

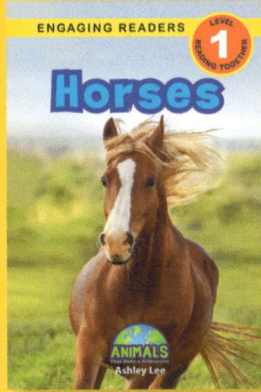

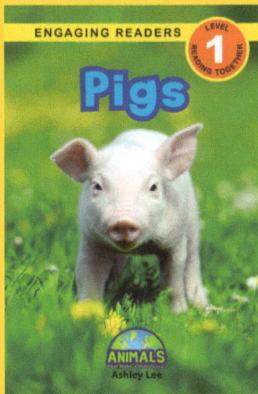

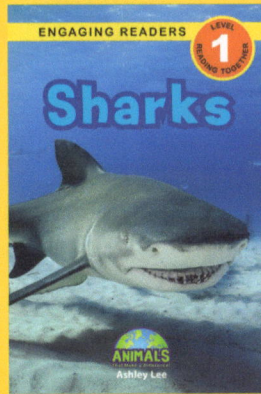

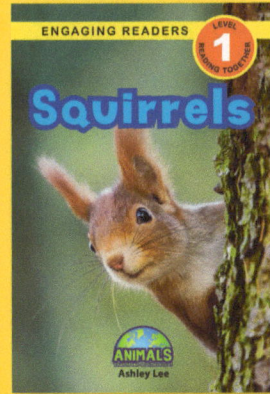

Respuestas:
1. Piel delgada 2. Dormideros 3. Crías 4. Boca abajo
5. Más de 1,300 6. Químicos que matan insectos

Answers:
1. Thin skin 2. Roosts 3. Pups 4. Upside down
5. More than 1,300 6. Chemicals that kill bugs

www.ingramcontent.com/pod-product-compliance
Lightning Source LLC
Chambersburg PA
CBHW040941100426
42813CB00017B/2892